BEI GRIN MACHT SICH IHR WISSEN BEZAHLT

- Wir veröffentlichen Ihre Hausarbeit, Bachelor- und Masterarbeit

- Ihr eigenes eBook und Buch - weltweit in allen wichtigen Shops

- Verdienen Sie an jedem Verkauf

Jetzt bei www.GRIN.com hochladen und kostenlos publizieren

Darina Pogil

Zu: Emile Durkheim - Erziehung und Soziologie

GRIN Verlag

Bibliografische Information der Deutschen Nationalbibliothek:

Die Deutsche Bibliothek verzeichnet diese Publikation in der Deutschen National-
bibliografie; detaillierte bibliografische Daten sind im Internet über http://dnb.d-
nb.de/ abrufbar.

Impressum:

Copyright © 2008 GRIN Verlag GmbH
Druck und Bindung: Books on Demand GmbH, Norderstedt Germany
ISBN: 978-3-640-13032-0

Dieses Buch bei GRIN:

http://www.grin.com/de/e-book/112738/zu-emile-durkheim-erziehung-und-sozio-
logie

GRIN - Your knowledge has value

Der GRIN Verlag publiziert seit 1998 wissenschaftliche Arbeiten von Studenten, Hochschullehrern und anderen Akademikern als eBook und gedrucktes Buch. Die Verlagswebsite www.grin.com ist die ideale Plattform zur Veröffentlichung von Hausarbeiten, Abschlussarbeiten, wissenschaftlichen Aufsätzen, Dissertationen und Fachbüchern.

Besuchen Sie uns im Internet:

http://www.grin.com/

http://www.facebook.com/grincom

http://www.twitter.com/grin_com

Universität Stuttgart

Institut für Erziehungswissenschaft und Psychologie

Seminar: Grundlagen einer Pädagogischen Soziologie

SS 2008

Émile Durkheim

Erziehung und Soziologie

Stuttgart, Juli 2008.

Inhaltsverzeichnis

1. Einleitung

In der vorliegenden schriftlichen Ausarbeitung meines Referats über Émile Durkheim, der sowohl in der allgemeinen Soziologie als auch in der Erziehungssoziologie als Klassiker bekannt ist, werde ich den Fokus nur auf den einen Bereich seiner Arbeit legen. Den Bereich, in dem sich die Erziehung und Gesellschaft begegnen.

Erst möchte ich ein Paar Worte einleitend zu Erziehungssoziologie sagen, dann einen kurzen Einblick in die Biographie von Durkheim geben und erst später zu seinem Begriff der Erziehung übergehen.

Schon im 19. Jahrhundert näherte sich Soziologie dem Erziehungssystem. Als man sich der Bedeutung der Bildung für die Entwicklung moderner Gesellschaften bewusst wurde, sind viele Fragen aufgekommen. Die Fragen nach den Zusammenhängen zwischen schulischer und familiärer Erziehung, zwischen Schule und Ökonomie, zwischen Bildungsinhalten und politischer Macht.

Die Revolutionierung des Naturverständnisses durch den Darwinismus und die sprunghafte Entwicklung der Technik bestimmten zu diesem Zeitpunkt das Gesellschaftsbild Amerikas und fanden Eingang in das sozialwissenschaftliche Denken. Hinzu kam, dass sich das Einwanderungsland USA vordergründig mit der Frage konfrontiert sah, wie die Angehörigen der ethnischen und sozialen Gruppen mit unterschiedlichem Bildungsstand, beruflicher Spezialisierung und kulturellem Hintergrund eine Nation bilden könnten. Durch den aufgekommenen Konflikt zwischen dem Wunsch nach Integration bei Wahrung der eigenen Identität, wurde diese Entwicklung noch mehr beeinflusst. (Plake , 1987: 19)

Heute ist die vorherrschende Meinung die, dass die pädagogische Soziologie als Vorläufer von Erziehungssoziologie oder Bildungssoziologie verstanden werden muss. Diese wird zumeist als ein mehr oder weniger eingrenzbares, um Interdisziplinarität bemühtes sozialwissenschaftliches Forschungsgebiet, definiert, in dessen Rahmen die Wechselwirkungen zwischen Erziehung, Bildung und Gesellschaft bzw. deren gegenseitige Abhängigkeit untersucht werden. (Büchner, 1985: 1) Nach der ganz allgemeinen Definition von Mangold (1978) bemühen sich die Vertreter dieses wissenschaftlichen Spezialgebietes um die theoretische und empirische Erforschung der Erziehungs- und Bildungspraxis sowie des Erziehungs- und Bildungswesens unter soziologischen Fragestellungen.

Das nur als kurzen Überblick und bevor wir über die Arbeit von Durkheim auf dem Gebiet der pädagogischen Soziologie sprechen, möchte ich ein paar seiner biographischen Daten nennen.

2. Kurzbiographie von Émile Durkheim

1858 wurde Durkheim als Sohn eines Rabbiners in Frankreich geboren. Bis 1874 besuchte Durkheim Collége d´Épinal in Épinal und studierte neben seinem normalen Schulbesuch Hebräisch, das Alte Testament und den Talmud. Seine akademische Laufbahn begann er als Gymnasiallehrer für Philosophie und alte Sprachen, nach dem er sein Studium an einer Pädagogischen Hochschule für den Sekundarbereich (École Normale Supérieure) 1887 beendete. Auch die meisten Jahre seiner Hochschullehrerzeit war er ein Ordinarius für Erziehungswissenschaft und Soziologie zugleich. Im gleichen Jahr wurde in Bordeaux extra für ihn ein Kursus in Sozialwissenschaft eingerichtet, 9 Jahre später wurde für ihn dort der erste Lehrstuhl für Sozialwissenschaften an einer französischen Universität geschaffen, wo er bis zu seiner Berufung an die Sorbonne auch eine Vorlesung in Pädagogik hielt. Nach nur 2 Jahren gründete er die Zeitschrift „L'Année sociologique", die als das Sprachrohr der „Durkheim-Schule" galt. 1902 wurde Durkheim zur Vertretung am Lehrstuhl für Erziehungswissenschaft nach Sorbonne berufen, 1906 übernahm er den Lehrstuhl ganz. Bis zu seinem Tod (1917) widmete er wenigstens ein Drittel oft auch zwei Drittel seiner Lehrtätigkeit der Pädagogik. Dies geschah sowohl in Paris als auch in Bordeaux vorwiegend unter dem soziologischen Aspekt, was auch die von Durkheim lange angestrebte, aber erst 1913 erreichte Umbenennung seines Lehrstuhls in „Erziehungswissenschaft und Soziologie", deutlich macht. (Krisam, 1972: 11, 112) Talcott Parsons, der Durkheim nach seinem Tod in den USA bekannt machte, würdigte seine Arbeit sehr. Über Durkheims Beitrag zur Zusammenarbeit von Soziologie, Psychologie und Erziehungswissenschaft schrieb er noch 1956 (fast 40 Jahre nach Durkheims Tod): "Durkheim schuf ein Modell eines allgemeinen Bezugsrahmens der Zusammenarbeit, das bis heute eines der besten ist, das wir haben". (zitiert nach ebd.: 11)

3. Definition von Erziehung nach Durkheim

Im nächsten Punkt werde ich mich nun dem Inhalt seiner Arbeit widmen und möchte mit Durkheims Definition vom Begriff der „Erziehung" anfangen. Als Anmerkung möchte ich hinzufügen, dass ich mich jetzt und im Folgenden auf die von Durkheim selbst gehaltene Vorlesungen zum Thema „Erziehung und Soziologie", welche er zum Teil auch veröffentlichte, beziehen werde.

Bevor ich aber die eigentliche Definition von Erziehung einblende, möchte ich mehrere Schritte gehen, die auch Durkheim geht, um auf diese Definition zu kommen.

Für ihn sind mehrere Aspekte wichtig, die dann später als Bausteine seiner Definition fungieren sollen.

1. Aspekt: Welchen Einfluß meinen wir, wenn wir von der Erziehung sprechen?

John Stuart Mill meint, dass „die Erziehung alles einschließt, was wir selbst tun und alles, was andere in der Absicht tun, uns der Vollkommenheit unserer Natur näherzubringen. Im weitesten Sinne verstanden, schließt Erziehung selbst indirekte Wirkungen auf den Charakter und die Anlagen des Menschen ein, welche durch Dinge hervorgebracht werden, die ganz verschiedenen Zwecken dienen: durch Gesetze, durch Regierungsformen, industrielle Fertigkeiten und selbst durch physische, vom menschlichen Willen unabhängige Phänomene wie Klima, Boden und geographische Lage."

Für Durkheim ist diese Definition zu weit gefaßt, er möchte sich ganz klar abgrenzen und meint bei seinen Überlegungen speziell den Einfluß den die Erwachsene auf Jugendliche ausüben. Nur dieser Einfluß ist für Durkheim interessant. (Durkheim 1972: 20)

2. Aspekt: Wie ist die Erziehung charakterisiert?

Durkheim stellt 2 Definitionen gegeneinander:

„Das Ziel der Erziehung besteht darin, in jedem Individuum jede Vollkommenheit zu entwickeln, deren es fähig ist." (Kant)

„Das Ziel der Erziehung besteht darin, das Individuum zu einem Instrument des Glücks für es selbst und für seine Mitmenschen zu machen." (Mill)

Durkheim verwirft diese so verschiedenen Definitionen, weil er sie unzureichend findet. Der Hauptvorwurf besteht aber darin, dass diese Definitionen von dem Postulat ausgehen, dass es eine ideale, vollkommene Erziehung gäbe, die sich auf alle Menschen ohne Unterschied anwenden ließe. Gegen diese These weigert sich Durkheim und möchte seinerseits die Geschichte miteinbeziehen, um zu verdeutlichen, dass es diese Art der universellen Erziehung nicht geben kann. Bei der Geschichte handelt es sich bei Durkheim nicht um die Institutionengeschichte, sondern um die Geschichte der pädagogischen Meinungen. Auch in seinen Vorlesungen wies Durkheim immer wieder unüblicherweise darauf hin, dass man Struktur und Funktion der Erziehung nicht nur im Zusammenhang mit der augenblicklichen gesellschaftlichen Struktur sehen muß, sondern, dass sie nur verständlich werden, wenn man ihre Geschichte studiert. So bringt er solche Beispiele wie das antike Griechenland, in dem man kultivierte Geister herauszubilden suchte, voll von Maß und Harmonie. Im antiken Rom wollte man dagegen, dass die Kinder militärisch ausgebildet wurden und der Literatur und den feinen Künsten gegenüber gleichgültig waren. Im Mittelalter war die Erziehung in Europa sehr stark christlich geprägt, wobei die Verbundenheit zur Kirche im Mittelpunkt stand. In der Renaissance hatte sie einen mehr weltlichen und literarischen Charakter usw.

Aus diesen Tatsachen leitet Durkheim ab, dass jede Gesellschaft ihre Form der Erziehung braucht, dass es die ideale und vollkommene Erziehung nicht geben kann.

„Welchen Nutzen hätte es, sich eine Art von Erziehung vorzustellen, die für die Gesellschaft, welche sie praktiziert, den Untergang bedeuten würde?"

Durkheim stellt fest, dass „jede Gesellschaft [...] ein System von Erziehung hat, welches einen unwiderstehlichen Einfluß auf die Individuen ausübt. Es ist müßig zu glauben, dass wir unsere Kinder so erziehen können, wie wir wollen. Es gibt Gebräuche, an die uns anzupassen wir verpflichtet sind. Wenn wir sie stark mißachten, so nehmen sie Rache an unseren Kindern. Sobald sie Erwachsene sind, sind sie unfähig mit ihren Altersgenossen zu leben.

3. Aspekt: Was ist die Funktion der Erziehung?

Es gibt so viele Arten der Erziehung, wie es verschiedene Milieus in dieser Gesellschaft gibt. Und dafür gibt es einen Grund, denn weiter sagt Durkheim: Jedes Kind muß für die Funktion vorbereitet werden, die zu erfüllen er berufen ist. Deshalb kann die Erziehung über ein gewisses Alter hinaus nicht länger für alle dieselbe bleiben. Und doch muß diese Spezialisierung auf einer Grundlage beruhen.

„Es gibt kein Volk", sagt Durkheim, „in dem nicht eine gewisse Anzahl von Ideen, Gefühlen, und Praktiken besteht, welche durch Erziehung allen Kindern ohne Unterschied beigebracht werden muß, ganz gleich welcher sozialen Schicht auch immer sie angehören mögen."

Unter Ideen versteht Durkheim: unser Verständnis über Recht und Pflicht, über Gesellschaft, über das Individuum, über Fortschritt, Wissenschaft usw.

Durkheim schreibt also der Erziehung 2 Funktionen zu:

1. Funktion besteht darin eine gewisse Anzahl physischer und geistiger Zustände, (im Kinde zu schaffen), welche die Gesellschaft, zu der es gehört, bei jedem ihrer Mitglieder für unerläßlich erachtet;
2. Funktion besteht darin gewisse physische und geistige Zustände, (im Kinde zu schaffen, welche die einzelnen sozialen Gruppen (Kaste, Klasse, Familie, Berufsgruppe) ebenso bei denjenigen, die zu ihnen gehören, als notwendig vorhanden erachten.

Das sind also 2 Aufgaben, welche die Erziehung nach Durkheim übernehmen sollte. Erst für einen ausreichenden Grad der Homogenität in der Gesellschaft zu sorgen um dann aber auch eine ausreichende Heterogenität zu schaffen, zu differenzieren und zu spezialisieren.

Und jetzt kommen wir zu der eigentlichen Definition von Erziehung in welche die vorher herausgearbeiteten Aspekte mit einfließen:

DEFINITION von Erziehung:

Erziehung ist die Einwirkung, welche die Erwachsenengeneration auf jene ausübt, die für das soziale Leben noch nicht reif sind. Ihr Ziel ist es, im Kinde gewisse physische, intellektuelle und sittliche Zustände zu schaffen und zu entwickeln, die sowohl die politische Gesellschaft in ihrer Einheit als auch das spezielle Milieu, zu dem es in besonderer Weise bestimmt ist, von ihm verlangen.

4. Der soziale Charakter der Erziehung

Erziehung heißt also für Durkheim, zusammengefaßt, nichts anderes als eine planmäßige Sozialisation der jungen Generation.

Nach Durkheims Verständnis existieren in jedem von uns 2 sogenannte Seinswesen. Diese können nur theoretisch voneinander unterschieden werden, sind aber untrennbar.

Das eine Sein nennt Durkheim – das individuelle Sein. Dieses wird aus allen geistigen Zuständen gebildet, die sich nur auf uns selbst und auf die Ereignisse unseres Lebens beziehen.

Das andere Sein ist ein System von Ideen, Gefühlen und Gewohnheiten, die nicht unsere Persönlichkeit ausdrücken, sondern die Gruppe oder verschiedene Gruppen, denen wir angehören. Dies sind religiöse Überzeugungen, sittliche Grundsätze und Praktiken, nationale und berufliche Traditionen und kollektive Meinungen jeglicher Art. Ihre Gesamtheit bildet das soziale Sein.

Dieses Sein in jedem von uns zu schaffen, ist das Ziel der Erziehung.

Die Erbanlagen, die jedes neugeborene Kind besitzt und die Durkheim als die individuale Natur bezeichnet, möchte er bei seinen Überlegungen ganz beiseite lassen. So sagt er, dass die Gesellschaft sich also selbst mit jeder neuen Generation im Angesicht einer „tabula rasa" findet, auf der sie aufbauen muß. Zu dem egoistischen und asozialen Sein muß sie so schnell wie möglich ein anderes Sein hinzufügen, das fähig ist, ein sittliches und soziales Leben zu führen. Das ist das Werk der Erziehung.

Dieses neue Sein, das die Gesellschaft in jedem Individuum schafft, erkennt Durkheim nicht nur als Zwang, sondern auch als eine Chance. Wäre dem Menschen all das entzogen, was er der Gesellschaft verdankt, würde er auf das Niveau eines Tieres hinabsinken. Der Mensch hat die Stufe, auf der die Tiere stehenbleiben, weil er nicht nur auf das Ergebnis seiner persönlichen Anstrengungen angewiesen ist, sondern regelmäßig mit seinen Mitmenschen zusammenarbeitet und dies macht die Aktivität eines jeden produktiver. Die Früchte der Arbeit einer Generation gehen für die folgende nicht verloren. Das unterscheidet die Existenz eines Tieres von der eines Menschen. Von dem was ein Tier im Laufe seiner individuellen Existenz lernt, kann fast nichts es überleben. Im Gegensatz dazu sind die Ergebnisse menschlicher Erfahrung fast gänzlich und im Detail aufgehoben. Dank der Bücher, Skulpturen, Werkzeuge, Instrumente jeder Art, die von Generation zu Generation weitergegeben werden, dank mündlicher Tradition usw. Statt jedes mal, wenn eine Generation ausstirbt und durch eine andere ersetzt wird, zu verschwinden, häuft sich menschliche Weisheit grenzenlos an. Diese grenzenlose Anhäufung erhebt den Menschen über das wilde Tier und über sich selbst hinaus. Das Weitergeben dieses Erbes kann aber nur durch eine Gesellschaft erfolgen. Daraus folgert Durkheim, dass es zwischen dem Individuum und der Gesellschaft gar keinen Antagonismus gibt und geben kann.

„Diese beiden Begriffe sind weit davon entfernt, in Opposition zueinander zu stehen, weit davon entfernt, dass ein jeder sich nur auf Kosten des anderen entwickeln könne, sie schließen sich vielmehr gegenseitig ein. Indem das Individuum die Gesellschaft will, will er sich selbst. Der Einfluß, den die Gesellschaft vor allem durch Erziehung auf es ausübt, hat keineswegs zum Ziel oder zur Folge, es zu unterdrücken, es zu verringern, es zu denaturieren, sondern im Gegenteil, es wachsen zu lassen und ein wirklich menschliches Wesen aus ihm zu machen."

5. Die Rolle des Staates bei der Erziehung

Die Rolle des Staates bei der Erziehung des Kindes war in Zeiten von Durkheim und ist auch jetzt noch umstritten. Der Rolle des Staates wird meistens die Rolle der Familie entgegengesetzt. Der Staat sollte sich darauf beschränken, als eine Hilfe und als Ersatz der Familien zu dienen. Erziehung wird also als eine private und häusliche Angelegenheit aufgefaßt. Wenn Erziehung aber, vor allem eine kollektive Funktion hat, wenn ihr Ziel darin besteht, das Kind an das für sein Leben bestimmte Milieu anzupassen, so ist es unmöglich, sagt Durkheim, das sich die Gesellschaft an einem solchen Vorgang uninteressiert zeigt. Wie könnte die Gesellschaft, fragt er sich, daran unbeteiligt sein, ist sie doch der Bezugspunkt, auf den sich das erzieherische

Handeln richten muß. Es ist also das Anliegen der Gesellschaft, dem Lehrer ständig bewußt zu machen, was er dem Kind beibringen muß, um es in Harmonie mit dem Milieu zu bringen, in dem es leben muß.

Wenn man der Existenz der Gesellschaft einigen Wert beimißt, muß die Erziehung unter den Bürgern eine ausreichende Gemeinsamkeit von Gedanken und Gefühlen sichern, ohne die jegliche Gesellschaft unmöglich ist. Und um dieses Ergebnis zu erzielen, ist es notwendig, dass Erziehung nicht vollständig der privaten Willkür überlassen bleibt. Durkheim betont allerdings, dass es auf keinen Fall die Aufgabe des Staates ist, diese Gemeinschaft des Denkens und Fühlens zu schaffen. Sie muß durch sich selbst entstehen, und der Staat kann sie nur bestätigen, sie aufrecht erhalten und die Individuen ihrer bewußter machen.

Schon an diesem Punkt seiner Ausführungen erkennt Durkheim eine Reihe von Problemen, die in diesem Zusammenhang entstehen könnten. Z.B., dass die Mehrheit, ihre Ideen den Kindern der Minorität aufzwingen könnte, dass die Schule von der regierenden Partei dominiert wäre, oder auch dass der Lehrer seine Autorität dazu mißbrauchen könnte, den Schülern seine persönlichen Entschlüsse aufzuzwingen.

Trotzdem gibt es eine Anzahl von Prinzipien, die die Basis unserer Zivilisation ausmachen. Durkheim benennt sie so: „Achtung vor der Vernunft, vor der Wissenschaft, vor den Ideen und Gefühlen, welche die Basis der demokratischen Moral ausmachen."

Die Rolle des Staates besteht also darin, diese wesentlichen Prinzipien zu entwerfen, sie in seinen Schulen lehren zu lassen, darauf zu sehen, daß nirgendwo die Kinder darüber unwissend gelassen werden und dass überall von ihnen mit dem ihnen schuldigen Respekt gesprochen wird.

6. Die Macht der Erziehung

Durkheim geht davon aus, wie schon oben erwähnt, dass die angeborenen Anlagen im Menschen sehr allgemein und unbestimmt sind. Was das Kind von seinen Eltern mitbekommt ist etwas Aufmerksamkeitsvermögen, ein gewisses Maß an Ausdauer, ein gesundes Urteil, Einbildungskraft usw. Aber jede dieser Anlagen kann allen möglichen verschiedenen Zielen dienen. Diese Anlagen oder sehr vage Dispositionen, sind also formbar. Zwischen den unbestimmten Möglichkeiten, die den Menschen im Augenblick seiner Geburt konstituieren, und der voll entfalteten

Persönlichkeit, die er werden muß, um in der Gesellschaft eine nützliche Rolle zu spielen, besteht ein beträchtlicher Abstand. Die Erziehung muß das Kind fähig machen diesen Abstand zu überwinden.

Die Beziehung von Erzieher bzw. Lehrer und Kind charakterisiert Durkheim im Wesentlichen dadurch, dass sich das Kind natürlicherweise in einem Zustand der Passivität befindet. Der Lehrer dagegen zeigt, aufgrund der Größe seiner Erfahrungen und seiner Bildung, Überlegenheit. Die Lehrer sowie auch Eltern müssen sich also ständig bewußt machen, welche Macht sie gegenüber ihren Zöglingen haben, weil, nach Durkheims Überzeugung, in Gegenwart des Kindes nichts geschehen kann, was nicht irgendeine Spur in ihm hinterläßt. Erziehung kann sicherlich nicht sehr erfolgreich sein, wenn sie widersprüchlich verfährt. Die Erziehung muß geduldig und kontinuierlich, langsam und in eine ganz bestimmte Richtung erfolgen, damit sie den nötigen Erfolg hat.

Die Rolle des Lehrers faßt Durkheim unter diesen Aspekten sehr idealistisch und ich möchte fast sagen pathetisch.

Der Lehrer soll in seiner Rolle die moralische Autorität zeigen, die zwei Hauptbedingungen voraussetzen:

1. Die Willenskraft und
2. in der Lage sein wirklich in sich die Autorität zu verspüren, die der Lehrer zum Ausdruck bringen soll.

Ein Lehrer sollte, gleich einem Priester eine hohe Auffassung von seiner Berufung haben.

Und ich möchte mein Referat mit einem Zitat dazu beenden.

„Er ist ebenfalls das Organ einer großen moralischen Person, die über ihn hinausgeht, das ist die Gesellschaft. Genauso wie der Priester der Interpret seines Gottes ist, ist der Lehrer der Interpret der großen sittlichen Ideen seiner Zeit und seines Landes. Er sei diesen Ideen verbunden, soll sie in ihrer ganzen Größe spüren, dann wird es nicht daran fehlen, dass die ihnen innewohnende und ihm bewußt gewordene Autorität sich seiner Person und allem, was von ihm ausgeht, mitteilt. Eine Autorität, die aus einer solch unpersönlichen Quelle fließt, darf weder mit Stolz noch Eitelkeit noch Kleinlichkeit behaftet sein. Sie besteht gänzlich aus der Achtung, die man seinen Funktionen und [...] seinem Amt beimißt. Diese Achtung ist es, die durch Wort und Geste von seinem Gewissen auf das Gewissen des Kindes übergeht."

7. Literatur

- Büchner, Peter: *Einführung in die Soziologie der Erziehung und des Bildungswesens,* Darmstadt 1985.
- Plake, Klaus (Hrsg.): *Klassiker der Erziehungs-soziologie,* Düsseldorf 1972.
- Durkheim, Émile: *Erziehung und Soziologie,* Düsseldorf 1972.